КРИТЕРІЇ SMART   **4**

Ключова інформація   4

Вступ   5

Визначення моделі   6

ТЕОРІЯ   **7**

Критерії SMART   7

Переваги моделі   9

ПРАКТИЧНЕ ЗАСТОСУВАННЯ   **10**

Поради та рекомендації   10

Тематичні дослідження   14

ВПЛИВ   **18**

Обмеження та критика моделі   18

Споріднені моделі та розширення   19

РЕЗЮМЕ   **22**

ЧИТАТИ ДАЛІ   **23**

Бібліографія   23

Додаткові джерела   24

КРИТЕРІЇ SMART

КЛЮЧОВА ІНФОРМАЦІЯ

- **Імена:** SMART-цілі, SMART-критерії, SMART-метод, SMART-завдання, SMART-метод, SMARTER-метод

- **Використовує:**
  - В управлінні та проектному менеджменті SMART-критерії використовуються для визначення цілей, а також ефективних ключових показників ефективності (KPI) та сприяння їх досягненню.
  - У сфері гуманітарних наук та особистісного розвитку вони використовуються для постановки навчальних цілей.

- **Чому він є успішним?** Принцип простий: мета повинна відповідати п'яти критеріям, щоб підтвердити свою актуальність. Вона має бути конкретною, вимірюваною, призначеною, реалістичною і обмеженою у часі. Мнемонічна абревіатура SMART також дозволяє тримати в голові ці елементи, які допомагають ставити реалістичні цілі.

- **Ключові слова:**
  - <u>Ключовий показник ефективності (КПЕ)</u>: тип вимірювання для оцінки результативності або ефективності.
  - <u>Мета</u>: ідеальний результат від реалізації конкретних дій.
  - <u>Управління проектом</u>: організація всіх дій, спрямованих на досягнення поставленої мети.

ВСТУП

У 1954 році у своїй книзі *"Практика управління"* Пітер Ф. Друкер (консультант з управління бізнесом, 1909-2005 рр.) визначив концепцію управління за цілями (MBO), яка полягає у встановленні кількісних та/або якісних цілей у межах певного часового діапазону. Він також уточнив, що співробітники повинні бути залучені до постановки цілей, щоб потім мати можливість виміряти і оцінити їх виконання. Не використовуючи формально абревіатуру SMART, Друкер заклав основи цієї концепції.

 ## УПРАВЛІННЯ БІЗНЕСОМ

Протягом 20-го століття багато авторів досліджували якості, необхідні для того, щоб бути хорошим лідером. Так було з Кеннетом Бланшаром (американський експерт з питань лідерства та управління, нар. 1939 р.) та Полом Херсі (американський психолог, 1931-2012 рр.), які відстоювали ідею про те, що хорошим лідером є людина, яка здатна ставити цілі та відповідно до них адаптувати своє лідерство.

Концепція SMART-цілей з'явилася лише після того, як Джордж Т. Доран (професор менеджменту, 1939-2011) опублікував статтю "Існує спосіб S.M.A.R.T. для написання цілей і завдань менеджменту" (Doran, 1981). Доран стверджує, що не всі цілі повинні відповідати критеріям SMART і корисніше використовувати їх як орієнтири.

ВИЗНАЧЕННЯ МОДЕЛІ

Абревіатура SMART позначає п'ять концепцій, на які необхідно постійно посилатися при встановленні цілей, щоб підтвердити їх актуальність. По порядку: конкретність (S), вимірюваність (M), розподіленість (A), реалістичність (R) та обмеженість у часі (T).

Спочатку ця модель використовувалася для визначення специфіки цілі або конкретного показника в управлінському або проектному середовищі, що передбачає подолання абстрактної ідеї та ефективні дії. Простота інструменту також зумовила його використання в інших сферах, таких як управління людськими ресурсами, де кінцевою метою є заохочення особистого розвитку та підвищення ефективності роботи працівників. Цю методику також можна використовувати індивідуально (шляхом постановки особистих цілей SMART) або в команді (керівник може поставити цілі, яких група повинна досягти разом).

Хоча існує кілька альтернативних варіантів цієї абревіатури, тут будуть проаналізовані лише найпоширеніші варіанти.

КРИТЕРІЇ SMART

Ставайте успішнішими, ставлячи кращі цілі

КРИТЕРІЇ SMART

Ставайте успішнішими, ставлячи кращі цілі

написаний Guillaume Steffens
перекладено Yaroslav Melnik

50MINUTES.com

ТЕОРІЯ

КРИТЕРІЇ SMART

Хоча ми можемо визначити мету як результат низки завдань, які повинні бути виконані, самі завдання також можуть бути розділені на ряд підцілей. Наприклад, для того, щоб побачити збільшення продажів (кінцева мета), менеджер поставить перед собою завдання залучити 100 нових клієнтів.

Що стосується критеріїв, то вони є необхідними елементами для оцінки цілі, тоді як індикатори використовуються для перевірки їх виконання. Так, критерій встановлення строку виконання завдання може контролюватися часовим індикатором, наприклад, "протягом тижня".

Як керівники, так і працівники можуть посилатися на критерії SMART. Перші, як правило, встановлюють цілі для команди, за яку вони відповідають, тоді як другі встановлюють особисті цілі.

Почнемо з того, що розглянемо п'ять елементів, з яких складається абревіатура SMART, на думку Джорджа Т. Дорана, більш детально.

- **Конкретність. Мета** повинна стосуватися конкретного елементу. Цей критерій дозволяє уникнути занадто широких, а отже, занадто розпливчастих формулювань, таких як "збільшення прибутку компанії"; кращим варіантом буде щось на кшталт "зменшення вартості машини

А", де вигоди можуть бути кількісно оцінені. У цьому прикладі "збільшення прибутку компанії" буде вважатися кінцевою метою, яка буде досягнута за рахунок зниження вартості машини. Точне визначення мети робить більш зрозумілими дії, необхідні для її досягнення. Можуть бути додані підцілі (зниження рівня браку, кількості відмов і т.д.). Хороша мета, згідно з цим критерієм, визначається такими основними аспектами: вона відноситься до обстановки або точного місця, а також має конкретне фінансування.

- **Вимірюваність. Дуже** важливо враховувати цей аспект, який дає можливість вимірювати результати при постановці цілей в бізнесі. Для цього компанія повинна мати надійні засоби, по-перше, для доступу до даних, а по-друге, для їх правильної інтерпретації. Не завжди можливо або легко кількісно оцінити мету, оскільки деякі з них будуть більш якісними, ніж кількісними. Наприклад, мету покращення іміджу компанії буде важко оцінити кількісно. Однак, звернути увагу на цю складову необхідно. В такому випадку можна провести дослідження та зібрати числові дані (сприйняття компанії громадськістю за шкалою від 1 до 10) і потім скоригувати ціль.

- **Призначуваність.** Одна або декілька осіб повинні бути чітко визначені як відповідальні за виконання завдання. Це можуть бути внутрішні або зовнішні співробітники компанії. Ви також можете поставити особисту мету.

- **Реалістичний.** Ця концепція має на меті відрізнити ідеальну ситуацію, яку важче досягти, від конкретної мети. Мета повинна бути досяжною за допомогою наявних у компанії засобів або нових засобів, які були б достатньо легкодоступними. При визначенні мети необхідно також враховувати чинне законодавство, щоб вона була реалістичною. Цей критерій матиме вплив на мотивацію та залучення працівників, тому він також повинен забезпечувати баланс між складністю та досяжністю мети. На випадок невдачі може бути корисно подумати про іншу, менш амбітну мету.

- **Обмеженість у часі.** При визначенні мети важливо встановити кінцевий термін її досягнення. Без часових маркерів мета може фактично втратити свій конкретний характер, а отже, може бути неможливо перевірити, чи була вона досягнута.

П'ять елементів, представлених тут, є тими, що були запропоновані Джорджем Т. Дораном. У розділі "Розширення та пов'язані з ними моделі" ми побачимо, що існує декілька варіацій.

ПЕРЕВАГИ МОДЕЛІ

Хоча простота та мнемонічність абревіатури є основними перевагами моделі, є й інші:

- По-перше, модель сприяє досягненню конкретних результатів, зосереджуючи увагу на відчутних та кількісно вимірюваних аспектах цілей;

- По-друге, вона може бути застосована до різних сфер, і навіть може використовуватися в особистому житті людей;

- Нарешті, SMART-критерії роблять мету повною і не вимагають або майже не вимагають додаткових деталей.

ПРАКТИЧНЕ ЗАСТОСУВАННЯ

Хоча метод SMART здається відносно простим, ви повинні переконатися, що ви ретельно дотримуєтеся кроків при постановці однієї або декількох цілей, щоб досягти їх у встановлені терміни, уникаючи при цьому багатьох потенційних пасток.

ПОРАДИ ТА РЕКОМЕНДАЦІЇ

Правило № 1 – мета має бути конкретною

Незалежно від сфери, рефлексія зазвичай починається з першого критерію: специфічності мети. Це слугує нагадуванням керівникам про те, що вони повинні бути точними і постійно пам'ятати про всі аспекти мети, яку вони хочуть визначити. При використанні в управлінні проектами або маркетингу, перше питання, яке слід задати: "Чи буду я ставити різні цілі перед кожним працівником або одну загальну мету перед керівником відділу?". Якщо керівник хоче поставити різні цілі перед кожним працівником, є велика ймовірність того, що він почне з постановки однієї загальної цілі, перш ніж розподіляти її між різними відділами та працівниками. Вони також можуть встановити загальну мету і попросити керівників відділів визначити підцілі для своїх команд. Якщо цілі визначаються за участю всіх зацікавлених сторін, співробітники безпосередньо співпрацюють у визначенні мети: вони самі є частиною проекту і можуть висловити свою думку. Такий підхід забезпечує більшу залученість з їхнього боку, оскільки вони беруть на себе зобов'язання з самого початку процесу.

Правило № 2 – Мета повинна бути вимірюваною

Що стосується кількісної або якісної вимірюваності мети, то спочатку необхідно не тільки визначити мету в цифрах, але й спробувати подумати про те, як ці цифри можна отримати. Це не завжди легко зрозуміти, оскільки інформація є дороговартісною (наприклад, комплексне дослідження ринку) або складною для об'єктивного аналізу (наприклад, створення якісного продукту).

Якщо в компанії немає відділу, який може консолідувати ці дані, важливо на цьому етапі скласти комплексний огляд даних, до яких буде легко отримати доступ через внутрішню мережу. Організація часто має більше ресурсів, ніж може подумати особа, яка шукає інформацію, навіть якщо вони розподілені між різними відділами (бухгалтерією, маркетингом, фінансами тощо). Дані, зібрані в певний час, слід зберігати, оскільки вони слугують точкою відліку для порівняння результатів, зафіксованих після встановленого терміну.

Хоча концепція оцінки є неявною в моделі, тим не менш, важливо мати на увазі, що цей крок суттєво допоможе менеджеру в ретроспективі, коли він буде оцінювати кінцеві результати досягнення цілі. У деяких випадках може бути корисним спрогнозувати різні сценарії в залежності від меж, які будуть використовуватися для визначення того, чи була досягнута мета: якщо метою є збільшення продажів на 25%, в який момент менеджер буде задоволений, або, навпаки, в який момент він вирішить змінити стратегію? Чи є 25% жорсткою нижньою межею, чи збільшення на 20% вже буде вважатися успіхом, не ставлячи під сумнів стратегію? Менеджер буде реагувати по-різному, якщо помітить збільшення продажів на 15% або 20%, коли він розраховував на збільшення на 25%. Відповідно до цих сценаріїв можуть бути застосовані різні типи коригувальних заходів.

Правило № 3 – Мета повинна бути досяжною

Наступним кроком є доручення цього завдання співробітнику або зовнішній особі чи організації, виходячи з наявних ресурсів та вартості залученого аутсорсингу. На практиці зрозуміло, що деякі керівники вважають за краще призначити відповідального, перш ніж вирішувати практичні питання, пов'язані з оцінкою результатів. Таким чином, керівник може визначити разом з торговим представником, якому доручено це завдання, кількість продажів, яку вони повинні здійснити, виходячи з тих, які вони зафіксували в попередньому році.

Правило № 4 – Мета має бути визначена у часі

Після цього необхідно визначити, коли мета може/повинна бути досягнута. Керівник зобов'язаний розробити стратегію для забезпечення дотримання встановлених термінів. Оскільки доцільно забезпечити певну гнучкість на випадок непередбачуваних обставин, керівник намагатиметься довести до відома своїх співробітників більш щільний графік. Однак цим прийомом не слід зловживати, оскільки чим коротший час, тим більший тиск на працівників. Також може бути доцільним використання діаграми Ганта для планування підцілей, щоб тримати під контролем процес досягнення цілей.

 Діаграма Ганта

Діаграма Ганта (розроблена в 1910 році американським інженером і консультантом з управління Генрі Л. Гантом (Henry L. Gantt, 1861-1919) в основному використовується як інструмент управління проектами. Вона забезпечує огляд різних завдань, які необхідно виконати (показані горизонтальними смугами), та їх можливе перекриття в часі. В даний час існує багато типів програмного забезпечення, безкоштовного або іншого, для створення цього типу діаграми.

Правило № 5 – мета повинна бути реалістичною

Нарешті, необхідно переконатися, що мета є досяжною. Це поняття є найбільш суб'єктивним елементом моделі, і саме керівник повинен оцінити мету за допомогою наявних інструментів (статистичний аналіз, маркетингові дослідження, опитування задоволеності тощо), а також власної інтуїції. Для цього вони будуть потрібні:

- відчутні цифри для оцінки очікуваної ситуації

- минулий досвід

- прогнози для оцінки майбутньої ситуації.

Керівник може вирішити перевірити реалістичність мети на основі деяких або всіх згаданих вище понять. В останньому випадку він заздалегідь перевіряє, чи мають люди, призначені для виконання проекту, достатні засоби для своєчасного досягнення мети. Цей критерій, на нашу думку, є найскладнішим для розуміння, а також буде найбільш оспорюваним.

 # Ви знали?

Під "інтуїцією" в управлінні розуміють емоційні та несвідомі елементи, які не завжди обґрунтовані об'єктивними даними і керують менеджером при прийнятті рішень. Керівник зможе відчути, чи може бути досягнутий новий проект, залежно від свого досвіду та досвіду в подібних ситуаціях.

Хоча метод SMART використовується для правильного визначення цілей, він ніколи не повинен використовуватися як вичерпний контрольний список при постановці мети: деякі елементи абревіатури можуть бути відсутніми. Таким чином, мета, яка не піддається вимірюванню, безумовно, буде менш легкою для реалізації, але не обов'язково буде марною.

ТЕМАТИЧНІ ДОСЛІДЖЕННЯ

Для ілюстрації теорії тут ви побачите два приклади постановки SMART-цілей у двох різних сферах: управління проектами та особистісний розвиток.

SMART-критерії в управлінні проектами

> *Компанія А інвестує в новий верстат, щоб збільшити виробництво таблеток. 5 січня менеджер формулює свою SMART-ціль наступним чином: "У другому кварталі Джордж Дюпон, який відповідає за проект, покаже ефективне збільшення на 10 000 додаткових щомісячних одиниць до рівня виробництва, завдяки новій машині AX-02".*

- **Сила:** Ця ціль відповідає всім критеріям SMART-цілей. Керівник може оцінити, чи дійсно мета буде досягнута в обрані часові рамки. У цьому прикладі буде легко порівняти виробництво з грудневим (припускаючи, що виробництво є постійним), наприклад, і перевірити збільшення виробництва в другому кварталі.

- **Слабкість:** Часові рамки є відносно розмитими. Працівники будуть схильні вважати крайнім терміном кінець другого кварталу, в той час як для керівника це буде початок другого кварталу. Щоб уникнути плутанини, обов'язково встановіть максимально точну мету.

Для встановлення вимірюваної частини цілі керівник буде спиратися на попередні дані. Потім він може розрахувати, наприклад, відсоток збільшення порівняно з попереднім роком. Він також повинен переконатися в тому, що цей додатковий обсяг продукції можна продати, провівши відповідні маркетингові дослідження. Він перевірить, що це реалістично за допомогою технічних характеристик машини і продуктивності робітників.

Особливий випадок: Проект з підцілями

Якщо компанія А усвідомлює, що виробництво таблеток є більш складним, ніж вважалося раніше, вона визначить дві підцілі для досягнення 10 000 додаткових одиниць.

1. **Пошук нової сировини для виробництва більшої кількості продукції.** Таким чином, менеджер із закупівель (який призначається) відповідатиме до кінця місяця (з чіткими часовими рамками) за оцінку постачальників, зв'язок з ними та підписання контракту з тим, хто запропонує найкращу пропозицію (конкретну та вимірювану). Це завдання видається реалістичним, оскільки такий тип завдань не виходить за рамки компетенції менеджера із закупівель.

2. **Оптимізація налаштувань машини для мінімізації відходів.** Друга підціль також буде виконана менеджером із закупівель (може бути призначена), який знайде найкращу комбінацію різних налаштувань (конкретних) — наприклад, розмір і форма форми та кількість пластику. Оскільки виробництво планується розпочати через півтора місяці, всі коригування повинні бути зроблені до цієї дати (обмежені в часі). Конкретно кажучи, фактори, які роблять продукт дефектним, повинні бути усунені за допомогою програмного забезпечення, яке розраховує всі можливості і визначає найкращі з них на основі рівня дефектів (вимірюваного). Для того, щоб ця мета була реалістичною, менеджер із закупівель повинен швидко отримати відповідне програмне забезпечення та якнайшвидше оволодіти технічними знаннями, щоб мати змогу ефективно ним користуватися.

SMART-критерії для визначення навчальних цілей

Основна відмінність між навчальними цілями та іншими цілями полягає в адаптації критерію "досяжності" до критерію "амбітності" (у випадку з навчальною ціллю перевага надається терміну "амбітна", оскільки передбачається, що мета завжди є особистою). Це жодним чином не означає, що цілі, поставлені в управлінні проектами або маркетингу, не повинні бути амбітними. Знову ж таки, ми хочемо під-креслити, що метод SMART повинен використовуватися як інструмент для досягнення результатів, а не як контроль-ний список.

ОБМЕЖЕННЯ ТА КРИТИКА МОДЕЛІ

Пам'ятайте: не всі цілі обов'язково повинні бути SMART. Джордж Т. Доран розробив цю абревіатуру не як контрольний список, а як допомогу у формулюванні цілей для досягнення відчутних результатів. Тому:

- Не рекомендується широко використовувати цю модель кожного разу, коли ви хочете поставити мету. Насправді, метод SMART не завжди доречний при встановленні довгострокових цілей, оскільки реалістичний аспект може стримувати будь-які цілі, які сприймаються як занадто амбітні.

- Не всі результати можуть бути об'єктивно виміряні, компанія також не завжди має необхідні навички або фінансові ресурси для отримання та інтерпретації інформації. Однак це жодним чином не означає, що вона повинна відмовитися від фіксації цілей.

- Адаптація цілі в рамках SMART-моделі насправді не є можливою (за винятком варіанту "А" як "регульованої", що обговорюється нижче). Однак іноді важливо враховувати потенційні зміни в середовищі, в якому працює компанія.

Американський підприємець і викладач Брендан Берчард (засновник Академії експертів, 1977 р.н.) також стверджує, що не всі цілі мають бути SMART, і демонструє це на різних прикладах. Наприклад, мета Христофора Колумба досягти

Індії через Атлантику була далека від SMART. На той час вона не була реалістичною, оскільки часові рамки були невизначеними. Що стосується вимірюваного аспекту, то це можна було зробити лише у бінарний спосіб: мета або досягнута, або ні. Берчард нагадує, що важливо пам'ятати про ідеали і пропонує іншу абревіатуру – DUMB, яка є протилежною до моделі SMART.

Особливо він заперечує проти реалістичності SMART-цілей, оскільки це, мабуть, найскладніше оцінити. На його думку, необхідно ставити складну мету, якщо вона є досяжною. Якщо перевага надається "релевантному" варіанту, необхідно враховувати пріоритети компанії. Якщо довгостроковим пріоритетом є зниження витрат, то мета, яка спрямована на підвищення цінності продукту, суперечитиме цьому і буде недоречною. Таким чином, релевантність цілі оцінюється з точки зору довгострокових пріоритетів компанії або окремої особи, якщо йдеться про навчальні цілі.

СПОРІДНЕНІ МОДЕЛІ ТА РОЗШИРЕННЯ

Інтерпретації моделі SMART

Завдяки своїй популярності модель SMART має багато варіацій. У таблиці нижче наведено найпоширеніші з них:

Найчастіше зустрічається наступна комбінація: Конкретні, Вимірювані, Досяжні, Релевантні та Обмежені в часі. У цьому випадку, переконайтеся, що критерії "досяжний" та "релевантний" використовуються разом, причому другий критерій замінює "реалістичний"; модель, що містить як "досяжний", так і "реалістичний" критерії, не має сенсу. Критерій "доречності" надає додатковий вимір, але відкидає концепцію розподілу відповідальності за проект.

Тому ми рекомендуємо продовжувати використовувати останній, оскільки релевантність включена як до "специфічного" критерію, так і до моделі в цілому.

Модель SMARTER

Модель SMART має додаткове розширення: SMARTER. Додаткові "E" та "R" означають "оцінка" та "огляд". Ретроспективне оцінювання пов'язане з вимірюваним аспектом. Хоча вона імпліцитно присутня в моделі SMART, особливо в частині "M", тепер вона повинна бути чітко визначена, щоб мати можливість відповісти на наступні питання:

- Хто за це відповідає?

- Як цього можна досягти?

Сам перегляд вимагає необхідних коригувальних заходів за результатами оцінки. У наведеній нижче таблиці перераховані найбільш поширені варіації:

Модель DUMB

З огляду на популярність моделі SMART, Брендан Берчард захотів (дещо пустотливо) поставити під сумнів її використання та легітимність. Тоді він запропонував нову абревіатуру, яка допускає більше амбіцій і менше реалізму:

критерії DUMB, семантичне поле яких є прямою протилежністю критеріям SMART.

4 елементи, які утворюють абревіатуру:

- **Керуватися мрією.** Цілі повинні керуватися мрією. Подібно до Христофора Колумба, люди та бізнес повинні ставити перед собою ідеал, якого вони хочуть досягти. Компанія повинна, наприклад, прагнути бути кращою у своїй галузі за якістю.

- **Надихаючий.** У цьому випадку важливу роль відіграє формулювання мети, оскільки вона має бути мотивуючою. Берчард ілюструє це на прикладі схуднення. Він каже, що мета не повинна бути виражена в негативному ключі, а скоріше як "виглядати як супермодель", що звучить більш позитивно і, відповідно, більш надихаюче.

- **Зручність методу.** Повинна бути розроблена чітка методологія, яка дозволяє людині, що переслідує мету, дисциплінувати себе для її досягнення. Маючи навчальні цілі, ви можете придумати щоденні заходи для підвищення свого рівня в дисципліні.

- **Поведінковий.** Цього разу концепція передбачає зміну поведінки, яка має змінити ситуацію на краще: для досягнення своїх мрій люди не повинні чинити надмірний тиск на себе, оскільки поведінка має безпосередній вплив на позитивний вплив навчання та результативність.

РЕЗЮМЕ

- Модель SMART (абревіатура від англ. Specific, Measurable, Assignable, Realistic and Time-Bound – конкретні, вимірювані, досяжні, реалістичні та обмежені у часі) – це інструмент, який використовується при постановці цілей у сфері управління проектами та розвитку персоналу.

- Його простота та мнемонічність, покликана полегшити запам'ятовування, є основними причинами його успіху.

- Існує багато варіацій цієї моделі. Однією з найвідоміших є критерії SMARTER, яка додає критерії оцінки та перегляду.

- Його реалістичний аспект був підданий критиці, оскільки він залишає мало місця для мрій та амбіцій, а це означає, що він не підходить для досягнення довгострокових цілей.

- Встановлення підцілей може мати важливе значення для завершення складних проектів.

- Керівник може зробити це на власний розсуд:
  - спочатку визначте мету, а потім розробляйте її більш детально, або навпаки;
  - включати працівників при визначенні цілей, чи ні.

- Майте на увазі, що це метод отримання результатів, а не контрольний список. Тому не всі критерії завжди слід брати до уваги.

ЧИТАТИ ДАЛІ

БІБЛІОГРАФІЯ

Берчард, Б. (2014) Розумні цілі – тупі. Заряджене *життя*. [Подкаст]. [Онлайн]. [Доступно 31 березня 2015 року]. Available from: < https://itunes.apple.com/gb/podcast/charged-life-brendon-burchard/id821746377?mt=2>.

Доран, Г.Т. (1981) Існує С.М.А.Р.Т. спосіб написання цілей і завдань менеджменту. *Управлінський огляд*. 70(11), с. 35-36.

Друкер, П. Ф. (1954) *Практика менеджменту*. Нью-Йорк: HarperCollins Publishers.

Хоґі, Д. (2014) Коротка історія SMART-цілей. *Project Smart*. [Онлайн]. [Accessed 31 March 2015]. Available from: < http://cdn.projectsmart.co.uk/pdf/brief-history-of-smart-goals.pdf>.

Моріссон, М. (2010) Історія розвитку SMART-цілей. *RapidBI*. [Онлайн]. [Доступно 31 березня 2015 року]. Available from: < https://rapidbi.com/history-of-smart-objectives/>.

Пруньє, Ю. (2013) Un objectif SMART n'est pas la panacée. *Les Echos.fr*. [Онлайн]. [Accessed 31 March 2015]. Режим доступу: < http://archives.lesechos.fr/archives/cercle/2013/04/10/cercle_70057.htm>.

Vincent, F. (2013) Créer des objectifs S.M.A.R.T., une formule magique en marketing. *Stratégie marketing PME*. [Онлайн]. [Accessed 31 March 2015]. Режим доступу: <http://www.strategiemarketingpme.com/strategies/creer-objectifs-s-m-r-t-formule-magique-en-marketing/>.

Йемм, Г. (2013) *Основний посібник з управління командою: Як ставити цілі, вимірювати ефективність та винагороджувати таланти*. Нью-Йорк: Pearson Education. с. 37-39.

ДОДАТКОВІ ДЖЕРЕЛА

Даллас, Д. (2015) "Розумні *цілі: Все, що вам потрібно знати про постановку цілей S.M.A.R.T.. Мрійте про велике, ставте цілі, дійте*. Kindle Editions.

Гадгер, Д. (2013) *SMART-цілі: Посібник з постановки цілей*. Kindle Editions.

Скотт, С. Дж. (2014) *Цілі просто – 10 кроків до досягнення особистих та кар'єрних цілей*. Kindle Editions.

Видавець забезпечує достовірність опублікованої інформації,
за яку, однак, не несе відповідальності.

Майстер ISBN: 9782808601160
Паперовий ISBN: 9782808602617
Юридичний депозит: D/2022/12603/262

Цифровий дизайн: Primento,
цифровий партнер видавництва.

www.ingramcontent.com/pod-product-compliance
Lightning Source LLC
LaVergne TN
LVHW010904200726
843508LV00012B/2979